봄의 문장을 완성할 수 있을까

인문학 시인선 037

## 봄의 문장을 완성할 수 있을까
정숙인 첫 시집

제1쇄 인쇄 2025. 5. 20
제1쇄 발행 2025. 5. 25

지은이 정숙인
펴낸이 민윤식
펴낸곳 인문학사

등록번호 제 2023-000035
서울시 종로구 종로19(종로1가) 르메이에르빌딩 A동 1430호
전화 : 02-742-5218

ISBN 979-11-93485-34-7 (03810)

ⓒ정숙인, 2025
Printed in Seoul, Korea

*잘못 만들어진 책은 본사나 구입하신 서점에서 교환하여 드립니다.
*이 책은 저작권법에 의해 보호받는 저작물이므로 저작자와
 출판사의 서면동의 없이는 무단 전재와 무단복제를 금합니다.

인문학 시인선 037

정숙인 첫 시집

# 봄의 문장을
# 완성할 수 있을까

인문학사

## 시인의 말

아직은 푸른 사과입니다.
감동을 주는 시를 쓰고 싶었습니다.
시안詩眼이 열리지 않아
시적 언어의 표현이 적절했는지
부끄러운 생각이 들기도 합니다.
하지만 시를 통해
자연의 묵언 수행을 배우며
감사하게 생각합니다.

                        2025년 오월
                        봄햇살이 눈부신 날에
                        정숙인

contents

시인의 말 *005*

**ㄱ** 가시연꽃 *012*
간고등어 *013*
거울의 단상 *014*
거미 *016*
겨울 크로키 *017*
겨울 이야기 *018*
고도를 기다리며 *019*
구멍난 그늘 *020*
구절초 *021*
굽은 노래 *022*
그리울 땐 연필을 깎는다 *023*
꿈꾸는 숫자 *024*

**ㄴ** 눈꽃 *026*
날고 싶은 새 *028*

**ㄷ** 다비 *030*
담쟁이 *032*
대보름 *033*
대숲에서 *034*
도깨비 시장 *035*
도토리 *036*
돌탑 *037*

동백 038
드라이플라워 039
드므 040
딱 그만큼만 밝은 041

**ㅁ** 마름하는 시간 044
마지막 집 045
매화 향기 속으로 046
맨드라미 047
매화병제도 048
먹을 갈면서 050
멍 051
못갖춘마디 052
몽돌해변을 걸으며 054
몽중 몽몽 056
모래시계 057
문상 058
물의 정원 059
믿고 싶은 잠 060

**ㅂ** 바겐세일 062
바람 짓 064
발효되는 밤 065
별이 빛나던 밤 066

봄의 왈츠 *067*
봄의 문장을 완성할 수 있을까 *068*
빨랫줄 *069*


ㅅ 삼겹살 *072*
새알팥죽 *073*
소나기 *074*
소머리 국밥 *075*
스위치백 *076*


ㅇ 아침의 허밍 *080*
약리도 *081*
안개는 새를 품지 않는다 *082*
어름사니 *084*
어머니의 빈집 *085*
에어라이트 *086*
여 *087*
연곡사 가을비 *088*
연소답청 *089*
입 입 입 *090*
울컥,이라는 부사 *092*


ㅈ 쪽빛경전 *094*
지워지지 않는 섬 *095*

**ㅋ** 퀼트 *098*

**ㅌ** 탕국 *100*
탐 *101*

**ㅍ** 폐타이어 *104*
포스트잇 *105*

**ㅎ** 하마, 사막으로 가다 *108*
하이에나 *110*
해당화 *111*
해빙 *112*
혀끝 아리는 향기 *113*
호미 *114*
홍시 *116*
화훼별곡 *117*
환승역에서 *118*
황태 *120*

**평설**
기교를 넘어 숙련의 과정까지,
전통적 정서의 순도가 높은
시들/민윤기 *123*

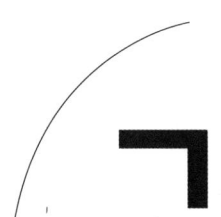

## 가시연꽃

멍석만한 집을 지었다

어미의 생살 가르고 일어난 벙근 꽃
보랏빛 향기로 연못을 채운다

가시를 벗고 꽃불 밝히는
염화미소다

## 간고등어

반짝거리는
등 푸른 웃음을 꺼낸다

염장 지르는 소리에
날선 비늘들

우린 얼마나 부침을 겪으며 살아왔나

물빛 비린내에도 듣지 못했던 소문
흑청색 타투에 담겨 있다
물의 기억은 휘발된 지 오래
눈가에 가물거리는 그리움
이별 수가 있다던 운명 따위는
믿지 않았다

좌판에 모로 누운 생
원산지가 다른 물결에
진한 그리움이 찍혀 있다

눈물처럼 짠내처럼
이별은 뜻하지 않게
늘 곁에 와 있다

## 거울의 단상

버려진 표정이 날을 세우는 재활용코너

울먹이는 철새 울음
갈잎을 쓰는 경비원의 하루
빈 상자를 등지고 선 깨진 거울 안은
많은 표정들이 있다

구겨진 표정을 펴려는 양떼구름 사이
움켜쥔 떨림으로 은행잎하나 사부작 날아든다

잔금이 잔금을 부축해 길을 일궜지만
길은 한 번도 방향을 쉬 내주지 않았다

그림쟁이라는 편견을 깨지 못해
아버지의 손에
화구畵具가 깨어지던 날
잔뜩 움켜쥔 꿈
길을 잃고 방황했다

어머니의 다독거림에
조각난 마음 꿰매는 시간

오래 걷였다

볕뉘 사이로 허기진 풍경 흘러든다

거짓말 못하는 거울의 습관이
과거를 내다보며 망연히 서 있다

# 거미

창문 모서리 한구석에
허름한 집 한 채 걸려 있다

버거운 밤낮을 이고
탁발하듯 공기 몇 점 물고
서 있는 저 처사處士
공중에 문패 매달고 싶은 거미
어디쯤이라도 발을 딛고 싶어
온몸으로 허공을 끌어당긴다

거기에는 지푸라기라도 희망인양
품어야 하는 절박함이라든지
사무치게 부르고 싶은
푸른 노래가 있을 것이다

밤처럼 어두운 낮을 숨가쁘게 달려온 생애
가뭇없이 울어야 하는 표정
버거운 삶의 무게를
뱉어내고 싶을 때가 있다

## 겨울 크로키

빈 가지 붓 삼아
바람이 지나는 겨울을 쓰고 있다

자작나무 시린 속살 헤치면
네게 보낼 비밀 연서 겹겹 쟁여져 있을 것 같다

귀 단단히 닫아걸었지만
멀리 달아나 아궁이를 안고 죽은 여우
뾰족한 울음에 속눈썹 잘려나간다

하얀 시스루 여미지 못해
비명조차 지르지 못한다

덜 익은 사과의 시린 맛 아직 지우지 못했는데
갈대는 절룩거리며 혹한의 무릎을 태운다

세상 탓하지 않는 네게
얼어붙은 마음 녹여준 적 한번 없다
가슴을 열고 속앓이하는
너의 봄을 너처럼 기다린다

숲을 건너는 것은 자꾸만 단단해지는 일

빗자루로 닦은 길이 차다
사금파리 되어 잠든 영혼을 깨우는
자작나무의 침묵이 깊어진다

# 겨울 이야기

바람 한자락 흙벽에 걸려 있다
버석거려 부서질 것 같은 시래기
시간의 결을 셈하고 있다
추위의 귀가 깊어지는 동짓달
어머니는 주저리주저리 새소리를 필사해
이엉을 엮듯 처마에 걸어놓았다
새물내 나는 빨래처럼
상하거나 바래지지 않아
섣달 내내 오물거려도 질리지 않는다
새소리가 나는 연륜 한 묶음
처마 끝에서 익어간다

## 고도를 기다리며

문을 두드려야 열린다는 복음을 믿지 않았다

누구에게도 약속 받지 못한
기다림의 속임수에 스스로를 꿰어 놓고
비밀의 법칙인 양 나로 머문다

낙타가 사막을 걸을 때 헛기침마저도
허투루 흘리지 않는 것처럼

실타래 같은 옥죄임으로 허기를 감싼다
하루치의 기억에 묘사든 진술이든
말의 포말을 풀어 겹겹 입힐 때
그믐달은 진다

본질은 변하지 않는다*
그가 내일이면 온다는 온전한 믿음

오지 않는 그를 기다리는 일만큼
희망고문이 또 있을까

낙타의 발굽에 모래가 날릴 때
함께 날 수 있다는 설렘으로
내 손금을 활주로 삼아
높은 비행을 꿈꾼다

*사무엘 베케트의 희곡 〈고도를 기다리며〉의 대사

## 구멍난 그늘

농협 앞 기운 파라솔 아래
반 평 그늘이 그의 일터다
멍을 벗겨낸 고구마순과 강낭콩
헛물 켠 더덕이
땡볕을 피해 까무룩 졸고 있다
콩깍지와 더덕 껍질 수북히 쌓여도
그의 허리는 좀처럼 펴지질 않는다
햇발보다 따가운 건 바람의 눈총들
주름진 하루가
구름의 각질을 벗길 때마다
허리가 바닥과 가까워진다
무료 한 묶음 값은 만원이다
길섶 봉숭아 고개를 숙인다
씻어도 지워지지 않는 까만 손톱에는
구겨진 시간의 더께가 켜켜이 묻어 있다
경제면을 꼼꼼히 완독해보지만
언제쯤 허물로 채운 보따리를 내려놓고
구멍 난 그늘에서 벗어날 수 있을까
촛불 깜박이듯 흔들리는
노인의 웅크린 어둠살이
무릎으로 녹아내린다

## 구절초

들떠있는 방심芳心이다
돌 틈새 반들거리며 일어나
선과 여백이 균형 맞춰
햇빛에 오물거린다
돌단풍이 내어 준 자리에 촘촘히 뿌리박고
그림자끼리 여리게 들썩인다
새벽이슬로 연명하고
꺾일 듯 휘어지는 춤사위
바라춤 추는 여승의 버선코 같다
빗살의 눈짓 따라
아홉 번 꺾이며 사는 법 익히는
저 풀꽃의 당당함
구도장원공九度壯元公*의 모습이다
깨알 같은 향기 겹겹 산빛으로 흘리고
콧숨으로 온몸 적시게 한다
서느런 햇살 탁발하듯
내 몸 마디마디 연고를 바르듯
환하게 번진다
어머니 새물내 같은

*구도장원공 : 율곡 이이의 별명. 과거시험에서 9번 장원급제했다는 의미

# 굽은 노래

수레를 끌고 가는 노인
흔들리는 어깨가 만든 리듬감으로
박스를 접어 리어카에 싣는 굽어진 허리
"물 건너온 박스는 잘 접히지도 안하아"
자신의 손으로 거두고
자신의 굽은 허리로 밀며 걷는 하루다
동화 같은 크로키가 짓이겨지고
사과 없는 사과 상자여야 하고
쌀 없는 쌀 포대가 반갑다
겹겹 쌓인 파지 위로 얹어지는 무게만큼
수레 위에 놓인 재산은
잘 뜯어지지 않는 바나나 박스처럼
질긴 삶의 노래,
돈 버는 게 전쟁이라며 구부렸다 폈다
골판지 더미에서 빈 병 쪽으로 옮기는 등줄기
갓 부화한 지느러미처럼 수압을 견디는 숨소리

물풍선처럼 깊다

## 그리울 땐 연필을 깎는다

나는 엽서를 꾹꾹 눌러 썼다
아버진 빈 의자에 그리움만 두고 갔다고

올곧은 대나무처럼
푸른빛 감기는 칼날 같았던 아버진
잠시 숨 고르는 정년의 언덕에서
구부러진 등으로 쓸쓸히
꽃잎 되어 곁을 떠났지만
곧은 걸음만 걸으셨던
당신을 닮고 싶었다
아버지가 깎아 놓은 머리맡 필통의
가지런한 연필처럼
머리를 재고 세상을 보고 싶었다

세월 밀려 쓰는 일기장에
한 옥타브 낮은 마음으로
깎여질수록 짧아지지만
부러지지 않는 그리움의 뼈를 키운다

단단하고 여문
연필을 깎는다

## 꿈꾸는 숫자

사이비 교주다
물고기가 슬은 모스 부호다

속이는 희망과 속아주는 희망

당신과 내가 만날 인연이나
강남아파트 당첨보다 쉬운
1/8,000,000의
유혹

반쯤 열린 해몽으로
자동을 선택하기도 하고

예수님 부처님을 소환하고
기억에도 없는 군번 숫자까지 소환시켜
마지막 장작을 지핀다

"1등 되세요"
주인할머니의 빈말이라도
믿고 싶은 날

칸칸이 꿈꾸며 지워내 보지만
펼치고 싶은 손에 구겨지는
낙첨

겨울비가 깡소주처럼 내린다

# 눈꽃

고인다는 말은 따뜻합니다
쌓인다는 건 또 어떻구요


백설 속에서 꽃이 필거라 궁리하며
칼 하나 품기 시작합니다


칼을 세상의 눈으로 읽습니다


사라질 꽃은
꼬인 밤을 풀어내며
날선 광장에 탑 하나 세우는 일,
발자국 하나 찍는 것입니다


마술사가 비둘기를 무한 복제하고
시들지 않는 꽃을 피워내듯
겨울밤을 허망하다로 읽는 날은
나도 모르게 하얗게 젖지요


백설 속에 핀 꽃은
날카로운 발자국 지워가고

한없이 기다리며
마음으로 피우는 꽃은
너를 속이는 하얀 고백이요
보이지 않는 칼이 됩니다

칼도
꽃도 아닌

저 헛것

# 날고 싶은 새

K는 도서관 나의 이웃이다 허기진 마음을 발끝에 움츠려 놓은 새 같은 그의 눈은 항상 젖어 있다 새가 허공에 날갯짓 흔적을 남기지 않는 게 불문율이다
세상의 바람 줄조차 잡을 곳도 기댈 곳도 마땅치 않았는지 흔들리는 바람을 인연 줄이라 믿으며 수없이 당기는 눈빛을 나는 자주 보았다 어느 날은 기지개 켜는 수염을 깎기도 하고 어느 날은 순하디 순한 발톱이 빠졌는지 절룩거리며 질질 끌고 가는 모습을 보았다 날마다 시계로 살아가던 그가 요 며칠 보이지 않아 궁금하다 때론 누군가 만들어 놓은 울타리 안에 질기게 사는 것도 삶의 한 방법일 터, 꽃망울 피우는 꽃대처럼 연두의 바람이 그에게 흐르기를 바라며 도서관 문을 나온다

# 다비

불의 울음이 만장을 메고 간다
목탁소리가 키 낮은 동백을 깨운다
하늘은 웃고 있는 공호이다

닳은 잿빛 양말 덧대지 못한 채
시린 발 그대로다
느리게 구르는 범종 소릴 따라 한 생애가
불씨만 남은 관솔불처럼 잦아든다
구슬 같은 어록 향낭에 담을 수 있을까
수많은 합장이 바람에 섞여
순한 걸음으로 산자락 넘는다
삼베옷 적시며 삼도내 건널 동안

탁
탁
이승의 손과 저승의 손 한데 모으고
중첩의 시간을 본다
상좌스님 속울음 눈가에 흐른다

두 손에 잡히지 않는 니르바나의 종소리
사미니계라도 받으면 이루어질려나

여기 이대로 아버지의 혼이라도

연착을 기다린다

잡힐 듯 뿌연 동공에

낙화 한 점 붉다


*니르바나 : 일체의 번뇌로부터 자유로운 상태

# 담쟁이


까마득한 우듬지에 오를 수 있을까

섶을 휘감아 그림자를 놓고
타래를 치듯 뼈를 세운다

혼자보다 같이할 기쁨이 크다는 걸 알기에
자꾸 세상을 헛디뎌도
발바닥 가벼이 옮기지 않는다

한 가계를 이루려 염천炎天을 기어오른다
한 사랑에 가 닿으려
햇빛 따스한 정情도
바람의 수다에도
몸이 느릴까
돌아볼 새 없이
당신을 향해 걸었다

공벌레가 내미는 작은 손도
잡아 주지 못했다

얼기설기 맞잡은 손 사이로
늦가을 탈고한 바람에 낯빛 붉어져도
어디든 넘지 못할 벽 없다는 무골의 승부사

무서리에 제 몸 얼어붙어도
우듬지 끝에서 마주할 당신

# 대보름

두 손 붙잡아 올려놓은 덩어리
누에 실처럼 몇십 년 뽑아 썼다
장독 사이 어머니의 모은 두 손이 궁금했다
지붕 없이도 잠을 자고
다툼이 들리면 유행가를 들으며
꺼억 꺽 삭이기도 했다
오를 수 없는 높이를 생각할 땐
돌고 돌던 쥐불놀이 휘파람이
뿌연 눈에 맺힌다
가슴 속 이야기도 달처럼 깊어진다
이젠 어머니의 기도문이 궁금하지 않다

## 대숲에서

대나무 숲은
소리가 사는 동굴이다
아버지는 대금 한 소절이라 했다

너무 맑아 서러운 봄날 햇살이
동그란 귀 깃 세우고
아버지 다정하던 음성으로
바람마디 한 뼘씩 키운다

부를 수 없는 이름은 바람을 먹고 자란다
사각거리는 잎 뭉텅 뭉텅 밟으며
침묵만큼 깊은 그리움으로
아버지의 손을 꼭 잡고 동굴 속을 걷는다

동굴의 출구는 까닭없이 멀다

## 도깨비 시장

해거름에 반짝 열린다
물결 수만 가닥
구름 수천 뭉치
셀 수 없는 바람 항아리
마음껏 담아도 줄지 않는다
바삐 살아온 지친 숨들이 아우성이다
바라만 봐도 넋이 나간 눈동자들
시장엔 분명 몇 백 년 묵은 여우가 산다
저녁으로 해바라기 한 송이 지는 일인데
물결 몇 가닥 사려다
투망에 여지없이 낚이는
여우들

# 도토리

자드락길
달랑
축제가 끝난 객석에 씹다 버린 껌처럼
기댈 곳이라곤 바람벽 하나

허기를 참고 쳇바퀴를 굴려도
봄은
저만치에서 손짓만 할 뿐,

혼자라서
더 좋은

# 돌탑

저것은 물음일까, 혹은
간절함이 덤으로 얹힌 것일까
슬몃, 삼신할미도 틈 비집고
속곳을 저며 놓았을 것 같다


제 허물 덜어 한 돌씩 쌓다보면
흔들리며 소리칠 곳조차
마땅치 않는 언어들
수장된 팔만 법어와 같다


거기 있음이 오솔 길의 배경이다
나도 누군가의 배경이었던 적 있던가
내 욕심의 보폭은
허공에 세워진 먼 사다리
행운의 로또를 바라거나 당위정의 달콤함을 더 믿었다


문수文數가 다른 생각이 돌올해지는 그때
새소리 이방異邦의 배경에 날아와 앉는다

## 동백
-신안도에서

그 섬이 눈을 뜰 때마다
눈자위는 그늘이 깊었다

취한 아버지는 어머니를 붙잡고
"동백 아가씨"를 불렀다
음정 박자 무시하고 가슴으로 울먹이던 노래
관객이라야 어머니와 나 뿐이었지만

애타게 찾던 동백은
세 살 때 돌아가신 엄마를 그리는 한 서린 통곡인 것을
왜 그 노래를 맨날 부르시냐고 쏘가지 부리던 나는
늦게 알았다

한 서린 한 소절 한 소절이
명치끝 붉은 멍이다

자진한 한 송이
너무 일찍 떨어져
붉은 울음이 가지마다 매달려 있다

## 드라이플라워

생이 다한 얼굴은 말을 잃었다

뜨거웠던 기억은
허공에서 영원히 살고

이승의 인연은
소멸조차 내 뜻대로 할 수 없을 때
나는 한 번 더 분리되지 않는 쓰레기로
웅크릴 수밖에 없다

못 박인 생이 말라가고 있다

죽어서 향기를 놓고
하나의 사랑이
다시 꽃 피고 있다

## 드므

북쪽 하늘입니다
수심을 알 수 없습니다

이끼의 시간이 범람하고
사과의 둥근 모서리가 허물어질 때
은행은 돌과 청동의 날들을 증명합니다

고인 오후를 풀어낼 순 없나요
양은 묶어두어도 언제나 도망치기 바쁩니다

하나 둘… 울음을 세다가
방향을 잃은 귀를 씻기도 합니다

양떼를 잃어 영원을 사는 별도 있구요
당신이라는 말이 얼어붙기도 합니다

꽃살문에 갇혀 솟아오르다 번진 수심은
불의 전언일까요
물의 숨결일까요

바라보는 것이 하늘뿐입니다

가끔 낮달과 꼬리별을 품는
물의 집, 말이에요

## 딱 그만큼만 밝은

삭망이면 더 도드라지는 도시의 문양을 본다 내가 걷던 발자국을 따라가다 보면 그가 하루를 누이던 옥탑방은 왜 그리 높아 보이는지, 끝이 보이지 않는 골목길을 걸을 때마다 내 젊음도 그 속에 갇혀 있다 그 골목에는 별똥별을 삼키며 허기를 달래던 유기견이 있었고 나와 외로움을 나눴던 개밥바라기가 오지 않을 것 같은 내일을 밝히고 있었다 당신이 사무치게 그리울 땐 흐린 눈빛에 눈물방울 매달고 골목을 돌아다녔다 나는 습관처럼 바라보던 자리에 서서 당신에게 빈손을 내민 채 내 가슴에 스머든 별을 이야기한다 그대가 내겐 별이었고 그대가 거기 있었기 때문에 어둡고 차가운 밤하늘이 외롭지 않았다고, 연리지로 이어진 부모님과 나 규화목처럼 수수억 년을 산다 바랜 소맷자락 안에 길 잃은 별들이 다글거린다
어둠에 길을 잃지 않도록

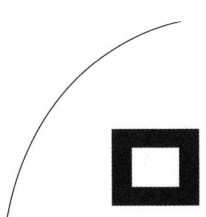

## 마름하는 시간


여름밤의 꿈은 허리 잘린 바람 같지
그것은 잠겨 있는 가방의 지퍼를 여는 것과 같은 말

파도가 시간의 공깃돌을 굴리다
깨진 달, 툭 던져놓을 때
그리움이라는 말이 생겨났지

귀뚜라미가 바람개비를 돌리고
새들이 달달한 라떼 한 방울 남기지 않듯
내가 나를 비우고 싶은 밖은
하루치 실금을 지워야 하는
오후 4시30분

감나무에 걸려 풍경이 된 낮달과
당신의 하루는
에스프레소나 카푸치노로 달랠 수 있을까

그날
갱도의 221시간을 견딜 수 있었던 건
땡볕을 달구는 암매미의 소리없는 기다림
허기지도록 부른 트로트였어

태엽 풀린 시계 같은
느슨한 오후

## 마지막 집

소맷자락 맑은 바람이 일어난다
부축 받은 할머니들 맞장구는 커녕
손목이 축 처져 있다
감정이 어깃장을 놓는 것이다

비어두고 온 고방이 이럴까
한 때 감정의 물결이 넘쳐 흘렸을 눈은
초점을 잃었다
낯선 집에 갇혀 있음은 다행한 처방일까

구성진 노래는 빈 감자밭을 돌고
잊혀가는 세월 호미로 파내는
어머니의 굽은 손을 부르고 있다
백발 노모 앞에서 노인이 재롱을 떨듯
눈물 고인 팔 휘감아 본다

다시 날고 싶은 꿈을
잊은 마지막 집

## 매화 향기 속으로

막 피어오른 매화 이파리 한 잎
물기에 젖어 있다

물색과 하늘색이 하나로 흐르고
진경산수 눈 안 가득한데
곡기 잊고 책장 넘기는 숨소리
탁영담 흐린 물에 산산이 부서진다
거친 물굽이에도 휩쓸리지 않는 반타석처럼
당신이 설파한 선의 이치는
바라춤으로 떠돈다
시절의 찌든 때
전교당에 퍼지는 시詩 한 수로 헹구면
무거운 발걸음 가벼워질 수가 있을까
부재를 알리는 풍경 소리 그윽하여
천 원 지폐 한 장 꺼내어
당신을 묻지만
매화 향만 분분할 뿐

깊디깊은 향 따라
당신이 사랑했던 두향의 발길이나
쫓아가 볼까

# 맨드라미

까만 꽃씨 하나
뜰 안에 내렸습니다

울타리를 두르고
낮은 바지랑대도 세웠습니다

그을린 입술은 붉습니다

태양 끄트머리까지 걸어가려면
지리한 장마를 지나
바지랑대 길이만큼 길을 냅니다

꽃말마다 사연 있어 붉은 웃음은
내 가난도 덮었습니다

삶은 가끔 보이기 싫은 치부도 내보여야 하는 것
꽃 진 화농의 상처는 벙그는 웃음으로 견뎌내는 것

첫 딸아이의 태동에 놀랐던
푸르렀던 한 철

사랑 한 송이 피워냈습니다

## 매화병제도 梅花倂題圖*
-딸에게


서리 찬 노을이 치마폭에 스몄다


검은 눈물로 허공에 매화가지 우려낸다
들을 수 없고 볼 수 없어
가슴 밖으로 내보내지 못한 절규
무딘 독필로 그린 새 한 마리
님 계신 저편으로 날려 보낸다


정쟁의 시대, 말이 넘쳐 하지 못한 말


피다 만 흰 매화
입술 째 입술 얼어
끝내 꽃망울 틔우지 못한다


도포자락 드리운 유폐된 시간,
멀리 물러난 기력에
눈 마주칠 그림자조차 없어
흐린 불빛 아래 꽃잠의 날들
긴긴 밤을 걷는다
겹겹 산 떠도는 비명
강진 앞바다에 붉게 쏟아내고

아비의 높고 긴 울음

한 서린 넒은 여백으로 채웠다

하피첩에 한 점 한 점

은둔의 혼

지문으로 담는다

*다산 정약용이 강진 유배 시절 부인이 보낸 치마에
시집가는 딸을 위해 그림을 그려준 매화그림과 글

# 먹을 갈면서

불면에 허튼 생각 부릴 곳 없어
구양순을 흉내 내는 밤
벼루에 원을 그리고 또 그린다

신사임당의 철학으로 최면을 걸어 본다

윤장대 몇 번 흔들다 가는 얄팍함에
쇠물고기 같잖다 일갈한다
가슴 없는 머리로만 살아온 시간들
보이는 세상 보지 못하고
속 좁아 아량도 잊은 채 칭얼거렸다

몇 겁의 업장이 지나야
내 안의 쌓인 과욕 털어낼 수 있을까
다 비우면 쇠물고기 환생할 수 있을까

비루한 불심에 먹물 지난 자리 점점 흐릿해진다
화선지에 뿌리내리지 못함은
비움보다 채움의 미련이 더 큰 탓

# 멍

자진하는 꽃 한 송이는 조화다

그녀가 물그림자로 찾아와
잠의 모서리를 깨운다
붉은 망울이 툭 툭 터질 때마다
꽃을 잃은 마음엔 거센 풍랑이 일었다
바람은 언제나 꽃이 진 다음
너의 부재를 전한다

허공의 치마폭으로 한 올 한 올
풀어지는 붉은 향
어디를 떠도는지
울음마저 붉어 괜찮냐고 툭 던진 말
물새가 물고 날아간다

낯익은 그림자 자꾸 떠밀려 간다

## 못갖춘마디


야윈 모가지
붉은 바람 매단다

꽃은 모른다
기울어진 한쪽이 보챈다는 걸
달은 안다
못의 개구리가 얼마나 허우적거린다는 걸

풍경은 또
바람의 수평을 맞추느라
그렇게 펄럭거렸나 보다

가고 오는 게 뜻대로 되지 않는다고
그림자 엿보려
길어진 목

산까치 울음 솔수평이에 쌓인다

기다리다 기다리다
산방 불빛 매단 채
요사채 뒤편에

불을 지피려는 참이다

애끓는 가슴
구근으로 머물러
탱화로 다시 피는 꽃
상사화

## 몽돌해변을 걸으며

누군가에게 길을 묻고 싶었다
반겨주는 건 언제나 소란한 침묵들
나는 또 보이지 않는 길 위에 서 있다

생의 꼭짓점은 늘 보이지 않고
가끔 흰물떼새 소리가 전해주는 이야기에 길을 나서지만
길은 한 번도 생이라는 행간의 틈을 보여주질 않는다

갈대가 제 몸 부벼 추위와 외로움 견디듯
저들도 알았을 것이다
모난 것들끼리 구르다 보면
원융圓融에 닿을 수 있음을
풍파와 부딪치며 검게 멍든 가슴으로
억겁의 시간 견딜 수 있음을

검은 파도의 숨소리
손바닥에 올려 가만히 흔들면
물이랑에 부대끼며 담금질한 세월이 보인다

상처 난 발꿈치에
풀리지 않는 주문 툭 던져 놓고
길의 경계를 짓는 나에게
들리는 건, 파도의 비웃음 뿐
길이 없는 바다가 어지럽다

갓 깨어난 물새 한 마리
바닷바람에 몸 적시며
바람 한 줌 나른다

## 몽중 몽몽
-홍어


맛도 짝퉁이 있냐고
대인시장 장흥상회 아줌니
홍어는 내가 최고여
벌겋게 취한 푸념 한 소절
차지다

아들 먼저 보내고
한쪽 무릎이 허물어져도
시상 무너진다냐
사는 게 욕보는 일이라며
파도에 무릎 꿇지 않았다

가랭이 찢어지고 등허리 굽어질 때마다
탁주 한 보시기에 듬성듬성 썰어놓은 애 한 점
속울음 같은 노랫가락 얹어
신산함 달래던 아줌니

못다 한 말
시장의 날소리에 뼈를 삭히고
항아리 속
곰삭은 이름이여

헹궈도 헹궈도 가시지 않는
애 한 점의 기억이여

## 모래시계

손주 녀석 밥그릇을 뒤집는다
귀를 대어보더니 "어부우 어부우"한다
거북이 발자국 소리낸다
웃음이 풍화작용을 일으킨다
민트향으로 웃는 손주
땅거미 깊어진 쪽으로
느린 생을 업고 가는
무지개빛 달무리 깔린 밤이다

## 문상

산비둘기가 운다

선암사 계곡물 맑아 발장구치며
죽으면 새가 되고 싶다던 그녀

웃으며 절을 받는다

새의 날갯짓은
적멸로 가는 길

산비둘기가 내 명치를 콕콕 찌른다

그녀가 사주는 밥
맛있게 비운다

## 물의 정원

허공의 발자국들이 소란하다
떼 지어 몰려다니는 안개가 그렇고
색색 바람의 깃에는
수만리 달려온 고단이 묻어 있다

마른 붓으로 생의 빈칸을 채우는 갈대도
사라질 족적을 남기는 안개의 안간힘도
물의 정원에서는 흔한 일

오늘은 얼마나 많은 이야기의 타래들이
허기진 바닷새들의 먹이가 될까
말 부스러기로 탑을 새우는 칠게들

산다는 건 역류성 식도염을
소금쩍 찌든 바람을
홀로 맞서는 일이다

큰소리가 나는 쪽으로 귀를 세우고 살아온 날들이
바람의 젖살이 빠진다
가슴에 박힌 말문을
우기와 건기의 만남으로 풀 순 없을까

몸을 감추는 뻘의 눈이 그렁그렁해질 때
순천만에 묶인 내 발목
어스름이 놔주질 않는다

# 믿고 싶은 잠

을지로 입구 역 3번 출구 앞
병꽃나무를 둘러싼 경계석이
가을빛에 취해 반질거린다

그 위에 몸을 말아 풍욕을 즐기는
초로의 노숙인

세상이야기 주절주절 담긴
신문 한 장 이불 삼으면 족할 날씨에
하룻강아지 어미 품속에서 잠자듯 코를 곤다
전동차 소리에도 아랑곳하지 않는 잠의 여정

그리운 이 잠 속으로 불러
빛바랜 유년의 흑백필름을 밝히고
가뭇한 웃음소리 복사한다
방황의 꿈속에는 큼지막한 가족사진도
컬러로 채색되어 나온다

멍울진 기억 정리하지 못해
부서질까 품에 꼭꼭 저며 놓고
차마 눈 뜨지 못하는 꿈결

노숙의 하루가 길다

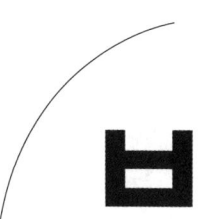

## 바겐세일


유행도 세일이 되는지
거리가 물류창고다


돌고 도는 철 지난 유행을 내 건지 오래인 듯
사내의 덧붙인 가격표마다 바람 때가 수북하다


산다는 건
임대료 독촉 전화
대출이자 상환 문자폭탄이다


멋을 위해선 뭐든지 참을 수 있다는 듯
패딩이 한여름 더위를 입고 있다


그는 자신을 팔고 싶은지도 모른다


덧대어 두꺼워진 가슴만큼
생의 부목이 되길 바라던 시간은 흐르고
연체된 하루를 자꾸 끄집어내다 보면
단단히 눌린 채 먼지만 가득했다
남자는 행거의 옷을 정리하며

써레질 하듯 인생 자락도 뒤집고 싶은 것이다

랩의 리듬을 타고 지하도를 오르는 사람들
뜬구름처럼 바삐 흘러갈 뿐
앙다문 지갑은 확성기에도 열리지 않는다

소나기 한바탕 지나면
물기 오른 푸새가 파르르 일어설 것이다

## 바람 짓


갈바람이 매바쁘다

자식 키워내고 가슴 빈 고춧대에도, 벌러덩 드러누운 논두렁에도
허물만 남은 매미의 울음에도, 애먼 흙만 파헤치는 소 발굽에도
기다림에 지쳐 푹 꺼진 봉분 위에도, 퇴근길 무지근해진 발자국에도

무심한 듯 간절한 손끝으로
맨발인 것들에 계절의 물때를 입힌다

되새 떼를 기다리는 대나무 숲에도, 산자락 향기를 뿜는 꽃향유에도
헤픈 웃음으로 무장한 석류의 도발에도, 환삼덩굴에 묶인 골짜기 물소리에도
눈물이 켜켜이 쌓인 전류리 철조망에도

바람의 매파는 허투루 안부 묻지 않는다
메마른 핑크뮬리 향기만
슬쩍 문혀놓고 간다

## 발효되는 밤

적막이 끓는다

잦아드는 소란을 숙우에 옮긴다
잡히지 않는 다향 한 움큼
발효된 시간처럼
싸목눈길에 서 있는 나무에게 다가가
손을 뻗어 끌어안아 본다

우려내는 향기가 짙게 묻어나는 가지마다
아버지를 빼닮은 옹이가 붉다

멀리 허우적거리는 소리
죽지 밖에서 어미 품 파고드는 박새 날갯짓처럼
맥문동차가 끓는다

13년의 붉은 이별이
나볏이 잦아든다

## 별이 빛나던 밤*


사각의 방에 갇혔다
누가 유리컵에 시계를 빠트린다
물의 흐름이 굴절되자
새끼 까마귀가 어미에게 먹이를 물어다 준다

생각의 끝은 비워둔 채
다시 채워지지 않을 것을 알면서
빈 컵은 그 자리에 놓아둔다

창문 없는 방은 별들의 놀이터
가로등 없어도 어둠의 심지는 불타오르지

누가 저 속도를 좀 멈춰 봐
밤이 없어질지도 모르잖아

밤의 천정에 막대사탕을 걸어 논 이 누굴까
별의 궤도를 따라 자전하는 방에는
10도 기울어진 의자와
자리끼에 빠진 하루가 녹아 있다

시계가 유리컵을 빠져 나온다


*네덜란드 화가 빈센트 반 고흐의 작품

## 봄의 왈츠

어둠을 겹겹 껴입은 남해바다
어망을 심어놓은 부표 찾아
뱃고동이 부두를 저만치 밀고 있다

조류를 따라 물살 가르는 멸치 떼
갈매기 날갯짓에 숨죽이며
풍랑을 거슬러 간다

비릿한 일상을 벗어나고 싶은
몸부림인가
빛무리의 진동에 귀가 쏠린다
어둠의 동공보다 밝은 어부의 눈매가
그물의 위치를 정확히 찾는다

은빛 꿈들은 공중부양하듯 튀어 오른다
별들은 쏟아지며 흥얼거리고
갈매기 덩달아 첨벙댄다

가난을 터는 가쁜 호흡 너머로
짭조름한 바다가 웃는다
둥두렷 떠오르는 불덩이처럼
생의 반등을 꿈꾼다

은빛 물감 덧칠된 만선에
어부의 얼굴이 반짝인다

# 봄의 문장을 완성할 수 있을까

태점* 하나 찍는다

욕심 비워낸 자리
꽃샘바람으로 분갈이하는 동안
가지마다 실눈을 뜬다

가슴에 탑을 쌓고 걸어온 계절
콧바람 푼 나무가
맨발로 자박거리며 꽃 피운다

상처 난 꽃자리
어떤 곁가지를 붙여야
봄의 문장을 완성할 수 있을까

오늘 나의 고백은
맨땅을 찢는 죽순의 떨림 같은 것

색의 유혹은 눈이 멀어야 멈춘다
탈고의 끝 어디쯤인지 몰라도
천천히 발자국 딛으며
생생한 언어의 꽃밭 다진다

꽃등 매단
저 나무 같은

*산이나 바위, 땅을 묘사할 때나 나무줄기에 난
이끼 등을 나타낼 때 쓰는 점

# 빨랫줄

바지랑대가 세운 바람그네에
새 울음 몇 찍혀 있다

여우바람 질펀히 놀다간 자리에선
물비린내가 난다

공중의 경계를 지으려
알알이 맺힌 햇살로
무거운 어제를 말린다

색동 의자에 앉은 귀뚜리
어제의 우울을 말리고
가을을 바짝 당긴다

흩어지는 양떼를 잡으려
노래 흥얼거리고

한 가닥 허공이
새들을 불러 모은다

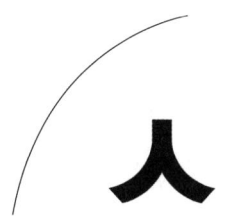

# 삼겹살

하루하루도 겹의 연속

벚꽃은 겹겹 피워 향기를 내고
쭉정이의 겹은 삭바람 이겨내고
삭정이는 겹대로 늙어 연륜의 멋을 낸다

한 판 뒤집힐 때마다
고삐를 늦추지 않는 시간이
생을 견디는 이유다

귀는 상대의 입에 넣어둔 채
눈은 젓가락에 고정한다

욕망이 겹쳐 미움이 되고
마음이 겹쳐 사랑을 이루고
어긋난 겹은 상처가 된다

겹과 겹을 이루며 하나인 두루마리에
갇혀 있던 생을 펴
잘 풀리는 집을 짓는다

## 새알팥죽

순백의 눈 위에
붉음 한 방울 떨어트려
선명한 자욱이 위안이듯


압력솥에 붉음 팔팔 끓여 걸러낸다
걸쭉한 한 그릇 몸속으로 넣는다고
세상살이 웃음꽃만 피겠냐만
붉은 정기는 온몸으로 번지며 웅크리고 있던
속 때 밖으로 밀어낸다


어머니 두 손으로 비벼 만든 새알심 팥죽
장독 위에 올려두고 집안 구석구석
악귀를 쫓겠다던 믿음
아직 식지 않아서

# 소나기


마음 한 구석을 적시다 사라지는
낯선 여행자

귀 닫아 걸 때
심장 속에 묻어둔 목소리
너였다가
내 안에 자라는 모의였다가
금세 잊혀지는 연서의 문장이다

사라지지 않는 빗소리는
귀머거리 새를 깨우는 기상나팔이다

풍경이 풍경을 잊을 때는
먹구름 믹서에 간다

공중을 꽉 채우다
유유히 사라지는 새 울음
한 방울

선정禪定에 든 석탑
한 채

## 소머리 국밥


소머리국밥 집에 앉아 있다
소 울음소리 들린다

눈망울이 두려움을 물고 있다
끔벅이는 눈망울이 무언가 알아차린 새벽
뿔을 바짝 곧추세웠다

어미 찾는 새끼의 울음이 안개비를 부른다
워낭소리가 먼지바람을 몰고 간다

고삐와 발굽으로 등이 휘는 무게를 감당하며
지켜온 순종의 날들

코뚜레 당긴 어둠의 손에서 헛물도
한 움큼씩 베어내고
한 덩이 정육으로 해체되는 날
울음소리 빈 말뚝에 감기고

조문 온 하늘에
봉분 같은 흰 구름 둥둥 떠 있다

우시장의 소머리국밥은
짜디짠 눈물 맛이다

## 스위치백

노루발이 삐걱거린다 들꽃 필 무렵 한 번 다녀간 다는 말 귓바퀴에 잔돌로 구르는 날이다 평행선은 왜 곁 한번 내주지 않을까 구름이 지날 때마다 달 맞이꽃 고개를 주억거린다

보푸라기 날리던 상하방은 어머니의 영토였다 지그재그 마스크 다듬는 노루발 소릴 따라 해안선과 산맥이 표정을 바꾼다 연착을 모르는 바퀴 소리만큼 정해진 시간에 미칠 수 없는 생의 속도가 있어 노루잠에선 항상 비둘기가 울었다 어머니는 아주까리기름이 휘발될 때까지 생의 시침질 멈추지 않는 한 마리 새였다

침목과 침묵 사이를 고정시킨 시간의 광두정이 느슨해지면 누군가 떠났고 새들은 울며 개명을 했다 보이지 않던 발자국이 점점 선명해지자 뒤를 돌아보는 버릇이 생겼다 새는 지나왔던 길의 외재율보다 달빛의 음영에 더 무게를 두었다 나는 역방향 승차권을 발권한다

미행하듯 기차가 똬리굴을 지난다 발굽을 들고

다니던 잰걸음이 쉭 쉭 거린다 긴 꼬리를 물고 계곡을 지나 고도에 닿으려는 본향의 속삭임 가슴에 누벼두었다 지척에서 당신의 기척을 느낄 때 바큇살에 걸린 바람이 오도 가도 못하고 신음소리를 낸다

내가 달맞이꽃과 수화로 눈을 맞추자 노루발 소리가 태백의 늑골에 촘촘히 박힌다

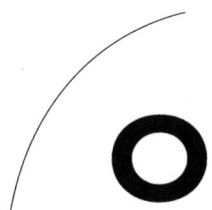

# 아침의 허밍

47분만에 잡곡밥이 완성되었어요
낡은 믹서기는 굉음을 내지만
목은 괜찮답니다

프라이팬에 올리브유
달걀을 코팅시키고 환기구로 달려 나가요
드립포트는 톡 향기를 내립니다

방안까지 들어온 새소리
커피 잔을 달달하게 채워주네요

출근하는 햇볕
아파트 담벼락을 끼고 오네요
빗발 펼쳐진 길목에 묶여 있던 목백합
바람을 넣고 있네요

사람들은 철쭉 이야기를 담은 배낭을
라일락 그늘에 풀어놓을 겁니다

오늘은 택배상자 하나가
나를 기다릴 것만 같아요

## 약리도


앞선 당신의 발자국도 그랬을 것이다


허방치던 걸음으로
급류를 거슬러 오르는 저 무모함


누구나 한때는 작은 못의 피라미였을 터
언제쯤 용문龍門을 넘어 세상을 마주할 수 있을까
겹겹 바람자락이 수면을 마구 흔들어도
강심 한 가운데를 활보하는
잉어 한 마리
곧추세운 비늘로 강의 고요를 흔들며
물의 깊이를 묻고 있다


오염된 물길에 막혀 발목이 휘청거려도
움켜쥔 앞발로 물굽이 헤치고
붉디 붉은 해 속으로 걸어가야 한다


나는
구만리 하늘을 품을
한 마리 잠용이다

# 안개는 새를 품지 않는다


안개는 속울음 품고 있는
낡은 엽서다

자식 둘 별로 먼저 보내고 내 탓이라 가슴 치던 외할머니
야무진 삯바느질이 외할아버지를 대신했다

도봉산 흰머리 오목눈이는
당신의 기억을 물고 날아갔다

양로원의 짧은 볕을 좇다
허공의 동공에 갇힌 새가 되어

시간의 보푸라기로 추억을 친친 감아도
재바른 치매를 홀칠 수는 없었다

등허리 휘던 생도 꽃 핀 한때였던가
엄마는 긴긴 눈물강의 모천母川이 되었다

두 발로 쫑긋거리며 따라다녔던 할머니의 품
돋보기로 보는 흑백영화 한 컷이다

터지는 햇살이 외할머니의 잔기침을 삼킨 안개
를 빨아들이고
새 울음이 자동차 경적 소리를 삼킨다

당신의 빈 웃음
양로원 의자에 물려 있다

# 어름사니

합죽선이 신명을 탄다
버선코 두어 발짝 앞으로 뒤로
목숨하나  담보한 채
허공에 중심을 새긴다
이승에 한 발 저승에 한 발
내딛는 한 발로 무너진 공중을 복원한다
어름사니보다 아찔한 관객의 비명
신명나던 어깨가 무거운 건 왜일까
살아낸다는 것은 잔노릇이다

종로 2가역에서 내린 그의 일터는
마천루의 유리벽
둘둘 말린 밧줄 타래와 믹스커피 한 잔
반나절 이겨내야 하는 힘
목숨 줄인 밧줄 가닥이 팽팽한 하루를 엮는다
태어날 때 타고 온 탯줄이
평생 외줄일 줄이야
느슨한 삶을 다잡는 손
허공의 풍경을 빠르게 훑는다
결코 허물로만 남지 않을 터

멀미나는 수직을 밟으며 내려오는 동안
허공에서 만큼은 영원한 주연이다

# 어머니의 빈집

건들바람이 맵차다

잎을 품은 것들은 다투어 비울 준비를 한다
삽짝 동여맨 거미줄에는
여름의 유품 같은 날벌레들의 소리만
주검으로 박제돼 빈집 지키고 있다
담을 타넘는 불빛 소리에 땡감도 외로움 타는지
귓바퀴 늘려 옆집을 들여다본다

어머니는 유품 두어 보따리 비밀인 양
다락에 쟁여놓았다
흙벽에 걸려 울먹이던 함지박이
내 그림자를 쫓아 왔던 가을이었다

사람과 세월 다 떠나보내고 못 다한 이야기
기울어진 담장을 힘겹게 붙들고 있다

가슴에 또아리를 틀고 있던 냉기가
굴뚝을 덥히던 연기처럼 따뜻하게 느껴지는 건
빈집마저 떠나보내야 하는 체념일 것이다

어머니의 볼처럼 발갛게 물든
한 잎, 가을이
낡은 뻐꾸기시계에 머문다

# 에어라이트

저녁을 소비하는 사람들 사이
오고가는 눈빛 속에 가려진 얼굴이다

나는 발없이 태어났다
그러나 춤추는 것을 좋아한다
넘어지지 않으려 허공을 힘차게 굴린다

사람들은 상품이나 가격에 눈길을 줄 뿐
막걸리 장단에 휘청거리는 주정뱅이쯤으로 여긴다
외면당하는 고독함도
축축해진 눈도 이면의 모습이다

바람이 불면 부는 대로 젖고
비가 오면 빗길을 걷는 허수아비에
함부로 돌팔매질할 수 없고
공연장의 돌고래도 한번 쯤
물을 박차고 하늘로 솟구칠 때가 있다

젊은 이벤트를 위해 추는 춤은
밤마다 별에게 가는 몸짓이다
사람들은 알까
접혀지는 꿈도 결코 접을 수 없는
돈키호테의 꿈이란 걸

# 여*

귀를 닫아 걸자
침묵의 소리가 들리기 시작했다


쉼 없이 딸꾹질하던 파도 한 자락
초서체 흘리듯 일렁이다
수평선이 수직으로 일어선다


감은 눈을 뜨면
헤쳐 봐야 백 해리를 떠도는 여정
버리지 못해 쌓이고 쌓여
심연에 박힌 자아


심어놓은 물거품 위에 스미는 석양
더는 어쩔 수 없이 해구에서 솟는
욕망 한 점


*물속에 잠겨 있는 바위. 썰물 때 솟아올라 오비는 암초

## 연곡사 가을비


탑 위의 가릉빈가
움츠린 작은 몸으로
돋을새김 되어 연주한다

승탑의 낙숫물 소리
쌉싸름한 향기 들어내며 적시고 있다

두 손 포개고 빈 몸 비비며
하고 싶은 말을 바램으로 엮어
걸친 옷도 무겁다

찐득하게 달라붙은 삼류의 아집
빗속 숨은 목탁소리에 매달리면
하나씩 적셔지려나

빗속에 내가 있고
내 안에 젖은 가을이 들어와
혀끝에 녹물을 내 뱉는다

## 연소답청

햇살 서터 팡팡 터지는
무등산 축제의 한마당

붉은 파도가 넘실대는 장불재를
꽃비 맞으며 걷다 보면

천 년 동안 꽃놀이 하는 풍경처럼
산허리 감는 저 붉은 물결
일 년 중 가장 고요한 계절
흐르다 멈춘 시간입니다

당신의 웃음소릴 잃은 후
애써 외면한 긴 시간

바람의 이야기 흐린 달빛에 묻어두고
해독 못한 모스 부호처럼
피울음 쏟는 철쭉이 시퍼런 촛불로 일어서는 오월

차마 부르지 못할 이름이여
꽃불 속에 숨겨진 이름이여

휘우듬 산기슭 감아 도는 물소리조차
당신을 쫓는 진혼곡입니다

# 입 입 입

의미가 변질된 몇 단락 문장
파일에 물려놓는다

미처 다물지 못한 허공의 입이 비를 쏟아내고
땅 심을 물고 있던 실뿌리의 입은
탄탄한 미로를 만들어 꽃을 피운다

입이 수단이다
번지르할 뿐 한 번도 뽑기인형을 물고 나온 적 없고
보험설계사 말에는 보상 안되는 게 없다
잇속 말이 입가에 괸다

담을 넘는 장미의 바람기를 붙잡다
가시돋친 말이 태어난다

입은 깨진 물컵이다
SNS에서 달리던 말이 가슴에 비수를 꽂는다
덧문을 열어 놓았다
튜닝이 필요한 이유다

입은 얼마나 무서운지 강둑을 빠져나와

흙탕물을 물고 지하도로 들어갔다
그날 내 입도 거칠게 비뚤어졌다

진실을 꺼내기 두려워한 입들은
뱀이 허락한 휘파람이었을까

의미도 모를 주어들을 물고 있는 천 개의 공간
갈고 닦고 조여야 한다

## 울컥, 이라는 부사

파밭은 한 장 백지다

바람이 텃밭에서 환하게 웃는
당신을 서술한다

별꽃 매단 꽃대 앞에서
반성 없이 합장했다

구부정한 허리와 마를 새 없는 눈물로
빈 대궁을 꼿꼿이 세웠다
초고도 없이 완성된 고단한 단락들
풀물 든 무명치마가 훔칠 때

울컥, 이라는 부사副詞에 메슥거린다

오지의 마방들이
차마라는 고단한 봇짐을 이고 고도를 넘듯
바람결에도 허투로 말을 흘린 적 없다

낭창거리는 붓대가
부모은중경을 필사한다

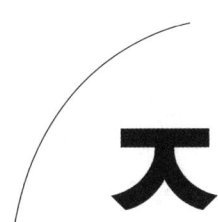

# 쪽빛 경전

바랜 가사袈裟처럼 겹겹이 두른 기암괴석 위
향으로 우뚝 서 있다
한 단 한 단 돌계단 오르니
벼랑바위 온 힘 다해 극락전 서까래 떠받치고 있다
극락도 지옥도 자리 잡지 못한 단청아래 뭇 이름들
바람죽비에 바라춤 춘다
범종소리에 돌부처 바람경전을 펼치는 한낮
바다의 선율로 피워 올린 연꽃 위
묵연히 서 있는 해수관음
염화시중의 미소 흘린다
복작대는 세상 품어
천년바위 딛고 안으로 안으로 뿌리내린
관음의 공간 보리암
봉수대 불빛 끌어와 어둠 밝히고
흔들리는 세상 목어 소리에 말아
푸르디 푸른 저 바다에 담궈 보았으면
말갛게 떠있는 햇귀 따라
바다색 달라지는 남해 금산
눈으로 멈추기엔 따끔거리고
헛되이 지날 수 없어
화선지에 오방색 물감 풀어
가만 적셔 본다

# 지워지지 않는 섬


잠이 사라진 밤
묻어둔 상처가 덧난 날

해무가 검은 도요새를 삼키는 것처럼
울음을 아무에게도 들키고 싶지 않았다

당신을 만나기 위해 섬을 찾았지만
섬은 언제나 한 발짝 너머에서 나를 맞을 뿐
등을 내주지 않는다

백지가 된 내 가슴에
지워지지 않는 낙서 한 구절
물거품이 삼킨다

섬을 찾아 헤매는 동안
태풍이 몇 번 일었고
소용돌이 속에 나를 던져도
동박새 한 마리
눈맞춰 주지 않고 허공만 쫓는다

다음 생의 유서처럼 섬의 뿌리가
내 안에서 자란다
당신은 내게
지워지지 않는 섬이다

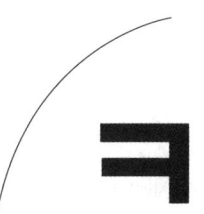

# 퀼트


어제는 풍등을 띄웠다


오늘은 창밖 빗줄기를 모으고
가끔은 흩어지는 구름을 들였다
센티를 다툼하는 가위의 탈선도 조각이다


친구 영희가 가버린 아픔이나
아이스크림 같은 흘러내리는 무늬들은
안으로 밀어 넣어 골무에 힘을 준다


바느질의 완성은 안쪽이다
서랍 속 자투리 깃 대어
숨결을 채워 나간다


느릿느릿 오솔길 산책하듯
살아가며 얻은 조각,
아직 페매지 못한 조각,


꿈의 일기장이다

## 탕국

봄노래가
당신의 크고 슬픈 눈망울에 덧대어졌다
지청구로 숙취를 해소하던 시아버지 모습에
며느리에게도 부끄러워하던 당신
길고 고달팠던 당신의 가슴을
들여다보는 일은 깨진 거울을 보는 일이다
한 번도 울어본 적 없다던
속울음이 거울의 지문에 젖어 있다
결혼 5년 후 공기방울처럼 가볍게 날아가시면서
당신의 기일을 내 생일에 겹쳐 놓으셨다
병원이며 동사무소 일이며 하루 전날
동행 예약을 하셨던 시어머니
나의 모서리에 당신의 모서리 맞대어 놓고
함께 하자 하셨다
미역국 대신 형님들이 술적심으로 떠주는 탕국
영정 속 어머니가 간을 맞춰주신다

# 틈

햇발의 포충망에 엉킨 구름이, 목화솜 펴는 항아리 속 씨간장이, 해와 달과 내통하는 찔레꽃이, 흑백사진 방심을 흩트려 놓는, 새물내 입히는 비누 향기 시나브로 사라지는, 처마 밑 시래기 낭창낭창 저녁을 타는, 허공을 짚던 거미가, 왜바람에 흠칫, 건들건들 건들마에 입술망초 입 떼는 폭죽과 소라 껍데기가 바다를 부정하는, 망토를 두른 바람이, 기척도 없이 다녀가는

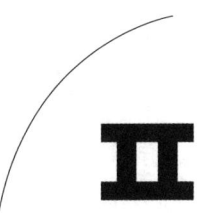

## 폐타이어


관절염이 적막과 드잡이하며
느릿한 오전을 장기판 훈수로 보내다
바람 빠진 표정으로 무료급식소를 향한다

무료의 한 형식이다

과속에 길들여진 닳고 닳은 지문과
공회전 소리 아직 쟁쟁하다
공기압의 가쁜 호흡도 누유처럼 흘러간 시간
어디쯤에서 편도의 길을 놓쳐버린 걸까

재생이라는 수식어는
채워지지 않는 허전함이다
모노드라마 주인공은
추월의 경쟁에 앞장서거나
생의 가속 페달을 더 이상 밟을 무대가 없다
타이어에 찍힌 마모된 궤적이
당신의 흐린 발자국을 훑는다

창백한 낮달이
우회로 입간판처럼 걸쳐 있는
탑골공원

## 포스트잇

한 조각 알람이다

더듬거리지 않고 떨어져나간
내 기억에 경고음을 준다
어디든 매달려 가벼운 입은 꽤 무겁다

지워질까 두려운 목소리다

맹골수로에 수장된 꿈, 전동차 소리에 묻힌 비명
서서히 바다 속으로 빨려 들어가던 화면 이해할 수 없어
뒤집힌 채 발버둥치는 조문을 했고
스토킹의 고통을 껴안으며 허공의 벽을 붙들고
번지는 아픔 노랗게 곪아 있었다

인양되지 못한 진실처럼
기억이 점점 흐려지고 있다

냉장고 문에는 청양고추, 당근, 오이
내 깜빡을 흔들어 깨우고
침대 머리맡은 선잠 들락이며 궁굴릴
문장 하나 재워 둔다

혀끝으로 서 있는 든든한 모서리
잠깐 기억이 어두워질 때

순간 켜지는 센서등이다

## 하마, 사막으로 가다


장롱 속
하마 몇 마리 풀어 놓았다

이곳은 또 다른 야생

낮의 펄럭이던 자유가 숙면을 취할 때
늪이 그리운 듯
물방울의 껍질들을 찾아 어둠을 헤집는다

앙고라의 한 때를 짚어내기도 하고
날아오르는 오리 떼의 이야기를 물고
솔기에서 솔기 사이를
마른기침으로 횡단하기도 한다

번질한 흡습지에 갇혀
기억 속 멀어지는 야성을 잠 속에서 키운다

물이 한 움큼씩 차오르면
귓바퀴가 떨리고 발톱이 움직인다

구석마다 풀어놓은 배부른 하마들

장마 뒤로 태양이 준비되면
참았던 눈물 쏟아낸다

달그락 거리던 꿈 하나
반짝, 사막의 별로 빛난다

쏟아지는 별만큼 배부른 건 없다

언제든 버려진다는 것을 알기에
사용설명서 단락은 믿지 않았다

# 하이에나

숫돌을 간다
벼린 칼날
네 심장을 찌른다

깨진 소주병
한번 휘두를 때마다
조각나는 문장들

늑대의 눈을 빌리거나
고양이 걸음을 흉내 내는
악의 문장은 지문이 없다

아침에는 낮은 산에도 구름이 걸린다

서걱 서걱
사과의 둥근 단면이 베인다

고양이의 걸음은 쥐를 놓친 듯 한가하고
늑대의 눈은 졸음이 가득하다

필명 뒤에 숨어 영혼을 물어뜯는
어둠의 포식자

## 해당화

수없이 피고 지는 물꽃이나
내 안의 붉은 꼬투리
언제 다시 꽃피울까

모래시계를 거꾸로 쏟으면
거북등에 업혀 고해를 건넌
네가 돌아오기는 할까

해송이 물초가 되어 울먹이는
정동진

마음에 그려 넣은
쪽빛 사랑이나 네잎클로버는
우리 몫이 아니었다

빗소리가 나를 다독인다

네가 쉴 수 있게
한 사흘 쯤
해당화 뿌리내린
섬으로 눕고 싶다

## 해빙

버들강아지 눈뜬 아침
산방개구리 울음이 단단한 주머니 깨고 나온다

열릴 것 같지 않던 그댈 위해
나는 몇 번의 겨울을 맞이해야 했는지
보이지 않는 창하나 내려고
마른 꽃잎은 개구리의 울음을
얼마나 더 삼켜야 하나

칼바람도 서릿발도 어쩌지 못하는 얼음
나무 톱니의 힘으로 달려온 햇발

파랑이 그리운 날이다

## 혀끝 아리는 향기


이랑에 금이 가고 있어요
빛의 간절함이
어둠의 뿌리까지 닿으면
빗살에 놀라 부스럭거렸지요

바람의 날갯짓도
구름의 헛기침도 아니었구요

사람들은 헛꽃이라며
꽃망울 달린 채 버려졌어요
아물지 않는 상처로
뿌리내리지 못한 어머니처럼

더 이상 뻗어갈 수 없는 경계에서
자신을 지우며
알토란 밀어 올리는 감자꽃

# 호미

담금질된 한낮이 돌아누웠다


고랑사이 낮은 무릎을 딛고
보랏빛 콩 꽃만 웃자란다


꽃이 감싸고 두른 우묵한 이랑은
꼿꼿했던 어머니의 등이었다


물기조차 마른 자신을 북돋으며
닳고 닳아 잇몸까지 덧난 채
앙다물고 버텨온 날들


노을의 사슬에 묶여 붉게 녹슬어가도
끝끝내 붙잡고 있었던 것은
서리서리 감긴 끈이었다


내가 다녔던 학교도
내가 들었던 신혼여행 가방도
밭에서 캐낸 것이다


시퍼렇게 날을 세웠던 손

바람 들어 불거지고 뭉툭해져
내 가슴 바닥까지 후벼 판다

바람이 매는 밭고랑 무성하고
허수아비가
품앗이로 울고 있다

# 홍시


내가 연출한 단막극 소재는
허리가 뻐근할 정도로 감을 매달고
풍경으로 늙어가는 감나무다

저 푸른빛 너머엔 뭐가 있는지
골목을 왜 감나무로 불러야 하는지
아무도 말해 주지 않는다

혹시, 멈칫 걸음 멈추면
종종 에움길이 생기기도 한다

그건 넉넉한 볕을 받고
된장이 내 나이만큼 익어간다는 말이다

부엉이 울음이 여울 가르고
사금파리 촘촘히 박힌 담을 넘고
말랑한 너를 만나는 일이
나의 숙제다

거추장스런 소품인 뿔도 버려야한다

푸른빛이 붉음을 지나 투명해지면
기다림 같은 시 하나 걸어 온다

## 화훼별곡

멍울져 퉁퉁 부은 하루
햇살가시에 찔려 까끌거리고
호주머니를 기워도 늘 허기가 진다
안개가 민낯을 가려주는 마을\*로 들어서면
두 손 합장하는 이팝나무
이웃사촌이 된 지 오래다
청춘을 다 불태운 듯
이리저리 치이다 이정표가 된 연탄재
경계 없는 길이 되고
경첩 빠진 나무문 바람과 드잡이하다
허가받지 못한 사연들이 굳어져
풀 한 포기 심을 수 없고
한 치 담장도 없어
무소유가 소유인 그들만의 나라
퀭한 눈빛만 봐도 간밤의 일을 어림하고
돌아누울 곳 없어 등 따갑지만
없는 담이 든든한 벽이 되고
장마 때마다 넘친 물길은 가슴으로 스며들고
언제 착신될지 모르는 퇴거 문자
잃어버린 웃음과 눈초리가
찔레 가시보다 매섭다
돌아갈 길은 아예 없는 걸까
이팝나무가 내미는 고봉밥에
식은 마음 데워진다

\*장지동 화훼마을

# 환승역에서

화살표가 늘 직선인 줄만 알았다
직진만이 정직한 길이라 생각했다


얼마 전 김포공항 환승역에서
곡선의 화살표를 읽지 못했다
숨차게 계단을 몇 번 오르내리다
발이 멈춰진 곳은 둥근기둥 뒤
안 보였던 길이 숨어 있었다


살아오면서 직진만 고집하다가
앞선 발들에 채이고 가로막힌 적은
또 얼마나 많은지


직진이 옳은지
곡선을 그리며 여기저기 둘러서 가야 옳은지
가보지 않고는 그 끝을 알 수 없듯
후회라든가 반성 따위는 왜
활시위가 당긴 후에나 알게 되는 걸까


화살은 과녁을 향해 날아갈 뿐
명중에 연연하지 않는다

활의 부드러운 궤적을 보고

유연한 붓대가 난 잎을 그려내듯

눈 앞 이정표만 쫓기보단

가끔은 늦더라도 에움길도 가야함을

길을 놓친 후에야 알게 됐다


화살나무가 화살의 기억을 잊은 것처럼

# 황태

바람을 저울질하며 나를 삭인다

술 취한 유리 조각에 베인 채 웅크린 새벽
해장국 집에서 숙취를 구걸하는 퀭한 무리들
팔다리 잘린 채 목만 남은 가로수들 같다

어제의 상처를 치유하려는 게슴츠레한 눈들이
남아도는 하루도 턱없이 모자란다며
저마다 추위의 체감 온도를 재고 있다
술국의 맛은 해장국집 할머니의 등허리와
행려병자 같은 추위가 가미된 맛이다

어떤 혁명을 꿈꾸다 실패했는지
삼동 내내 산속에 떼로 유폐되어
지워져 버린 과거의 흔적에 뒤척이는 황폐한 정신이여!
허울뿐인 이름 하나 얻기 위해 얼마나 나를 더 말려야 할까
먹어도 배부르지 않는 공복감을 한숨으로 채우며
동이 트면 일상에 복귀하고 싶은 황태들
구조조정에 고개 숙인 가장들이다

그저 지느러미 펼쳐 난바다를 유영하고 싶을 뿐
어디라도 딛고 싶던 시린 발은 그림자조차 디딜 곳 없다
베인 상처 다스려 세상 그 어디 쯤 들여놓고 싶은 것이다
버릴 수 없는 명함처럼

평설

# 기교를 넘어 숙련의 과정까지 –
# 전통적 정서의 순도가 높은 시들

민윤기
(시인, 문화비평가)


1

 '월간시인' 제6회 신인상에 당선함으로써 시단에 데뷔한 정숙인 시인이 등단 9개월만에 첫 시집을 내게 되었다. 사정을 모르는 분들은 등단 9개월만에 첫 시집이라니, 아니 벌써? 하고 놀라시거나 너무 서두르는 게 아니냐고 지적하는 분들도 있을 수 있겠다. 하지만 정숙인 첫 시집은 등단 후 9개월 동안 급하게 쓴 시가 아니라 5년 이상을 문화센터나 시창작교실 등에서 마치 대학입시 수능을 준비하는 수험생처럼 쓰고 고치고 다듬었던 노작勞作을 한데 모은 시집이다. 내가 시집 텍스트를 받아 한 편 한 편 읽는 동안 그동안의 시적 수련의 내공이 단박에 느껴질 만큼 작품의 수준은 물론 순도가 높다는 사실을 알 수 있었다.

 '월간시인' 신인상 관문을 통과하는 난이도難易度가 신문사가 주최하는 신춘문예 당선과는 비교할 수야 없겠지만 신인상 공모전에 응모하는 신인들 말로는 두서너 번 낙선은 으레 '필수'이고 대여섯 번 낙선도 '각오'해야 한다는 소문이 있다고 했다. '월간시인' 신인상 수준이 그만큼 높은 데다 '엄정한 기준'으로 당선자를 선정하기 때문이다. 따라서 힘든 관문을 통과해 등단한 시인들이 어떤 작품을 발표하며 어떤 방식으로 시 창작 활동을 계속할까? 하고 '월간시인' 신인상 등단 시인들을 지켜보는 분들이 궁금해하는 것은 당연하다.

나는 정숙인 시인의 이 첫 시집이 모범답안이라고 자신있게 말할 수 있다. 정숙인 시인은 신인상 당선 이후에도 시 쓰기를 게을리 하지 않았을 뿐만 아니라 신인상 등단 선후배들과 선의에 경쟁을 벌이는 데도 적극적이었고, '월간시인' 등단 시인들이 주축인 동인회는 물론 북토크쇼, 시인학교 수강 등에 빠짐없이 참여하여 새로운 시 쓰기 공부를 계속하고 있다.

정숙인 시인을 신인상 당선자로 낙점한 허형만 심사위원장은 심사평에서 "자기 세계를 확립시켜 나갈 수 있겠다는 믿음을 준다. 그만큼 나름대로 시 정신을 치열하게 단련시켜 온 것으로 보인다"면서 "당선작 「그리울 땐 연필을 깎는다」는 '올곧은 대나무처럼/ 푸른빛 감기는 칼날 같았던' 아버지에게 바치는 헌시이자 추모 시로서, 화자는 '아버지가 깎아놓은 머리맡 필통의/ 가지런한 연필처럼/ 머리를 재고 세상을 보고 싶어' 아버지가 그리울 때면 연필을 깎는다. 연필을 깎을 때마다 '깎여질수록 짧아지지만/ 부러지지 않는 연필로/ 그리움의 뼈를 키우'는 그 힘과 긴장감이 감동적"이라고 평했다. 또다른 당선작 「동백」은 아버지가 술에 취할 때마다 '어머니를 붙잡고' 불렀던 이미자의 "동백아가씨" 노래를 어머니가 돌아가신 다음에도 부르는 아버지의 심정과 '자진한 한 송이' 동백꽃과의 이미지를 민족 전통적 정서인 한恨으로 승화시킨 시적 사유가 돋보인다"고 평했다.

또한 심사위원 조명제 시인은 「그리울 땐 연필을 깎는다」를 당선작으로 선정하면서 "세련된 문장과 안정적인 톤으로 시상詩想을 침착하게 전개한 특성이 단연 돋보였다. 대상에 대한 접근방식과 감정이입이 진실 되고 온전하여, 기교를 넘어선 숙련의 과정까지 주목하게 만든다. '올곧은 대나무처럼/ 푸른빛 감기는 칼날 같았던 아버진/ 잠시 숨 고르는 정년의 언덕에서/ 구부러진 등으로 쓸쓸히/ 꽃잎 되어 곁을 떠났지만/ 곧은 걸음만 걸으셨던/ 당신을 닮고 싶었다'는 대목이 그 한 예이지만, 상상력의 아름다움과 안정된 음률, 적절한 조사措辭 능력, 표현의 진중함이 높은 평점의 근거가 되었다"고 평했다.

나는 엽서를 꾹꾹 눌러 썼다
아버진 빈 의자에 그리움만 두고 갔다고

올곧은 대나무처럼
푸른빛 감기는 칼날 같았던 아버진
잠시 숨 고르는 정년의 언덕에서
구부러진 등으로 쓸쓸히
꽃잎 되어 곁을 떠났지만

곧은 걸음만 걸으셨던
당신을 닮고 싶었다
아버지가 깎아놓은 머리맡 필통의
가지런한 연필처럼
머리를 재고 세상을 보고 싶었다

세월 밀려 쓰는 일기장에
한 옥타브 낮은 마음으로
깎여질수록 짧아지지만
부러지지 않는 연필로
그리움의 뼈를 키운다

아버지처럼 단단하고 여문
연필을 깎는다
-정숙인 「그리울 땐 연필을 깎는다」 전문

2

 나는 '챗GPT를 활용하는 법'이라는 강연회에 가서 요즈음 문화계의 핫한 화제가 되고 있는 AI강연을 들었다. 인간을 대표해서 프로기사 이세돌이 '알파고'와 벌인 바둑 게임에서 진 지 얼마 뒤에 AI가 시와 소설을 쓰기 시작한다는 언론보도가 쏟아졌고, 마침내 우리나라에서도 2022년에 AI가 『시를 쓰는 이유』라는 제목의 시집을 냈다. 2024년에는 박참새 시인이 시의 일부 내용을 AI와 협업하여 펴낸 시집으로 김수영문학상을 타기도 했으며, 미국에서는 AI가 그린 그림이 미술상을 타면서 저작권 문제가 불거졌다는 등… AI가 인간의 세계로 들어와 예술 전반에 걸쳐 예술창작을 하는 일들이 번번해진 세상이다. 그러나 내가 수강한 챗GPT 강사가 "AI가 인간을 대체하는 게 아니라 AI를 습득한 사람이, AI를 하지 않는 사람을 대체하는 것"이라고 자신있게 말하는 것을 듣고는 조금은 위안이 되었다.

시 잡지를 11년째 만들면서 나는 참으로 많은 시를 읽었고, 읽고 있고, 앞으로 계속 읽을 것이다. 그렇게 많은 시를 읽는 동안 시를 품평하는 작업이 얼마나 힘든 일인가를 뼈저리게 경험하고 있다. 기쁨을 주는 좋은 시보다는, 시라는 이름을 붙이기에 고민이 되는 시들이 훨씬 더 많다. 시가 난해하다거나 쉽다거나 하는 고민이 아니라 너무 수준 이하의 시들이 널려 있기 때문이다. 마치 골목골목마다 문을 연 붕어빵 가게에서 붕어빵을 찍어내듯 하는 달콤한 '시'를 버젓이 신작이라며 기고寄稿하는 시들을 만날 때가 많기 때문이다. 손님이 "붕어빵 주세요"하면 금방 즉석에서 주는 붕어빵을 연상케 하는 시들은 하나같이 '상투적인' 작품인 것이다. 이러한 시를 가리켜 일찍이 이형기 시인은 80년대에 '시적인 시'라고 명명하기도 했다. 물론 이런 '시적인 시'를 좋아하는 사람들도 없지는 않다. '시적인 시'일수록 시어는 깔끔하고, 구성도 짜임새가 있다. 일정한 패턴의 고정관념이 그럴듯하게 잘 정리되어 있기 때문이다.

붕어빵 기계와 같은 그 상투성을 버려야 한다. 이제

부터라도 시인은 시를 쓰는 사람이기보다는 차라리 '시를 찾는 사람'이 되었으면 한다.

이 시집의 텍스트를 읽고 가장 반가웠던 것은 정숙인 시인은 이런 상투성에서 상당히 먼 지점으로 탈출해 왔다는 사실을 발견할 수 있어서다.

우선 목차부터 상투성에서 벗어났다. 거의 모든 시집들(소설들도 비슷하지만)이 관습적으로 제1부, 제2부, 제3부 하는 식으로 작품을 분류한다. 이는 독자를 위한 배려이기도 하다. 하지만 대개 5부 정도로 수록작품을 의도적으로 분류하다 보면, 시 한 편이 단일 주제를 담지 못하고 복합적인 테마인 경우도 많은데, 이를 편의상 적당하게 분류하기 쉽다. 그런데 정숙인 시인은 이를 무시(?)하고 한글의 알파벳이라고 할 수 있는 'ㄱㄴㄷㄹ' 순서로 구성하였다. 이 역시 상투성을 배제한 훌륭한 선택이고 시도다. 이런 목차를 대하는 독자들은 그 유명한 송창식의 흥겨운 가요 "ㄱㄴㄷㄹ"의 멜로디를 연상할 수 있을 것이다.

이런 멋진 아이이어로 구성된 작품들을 순서대로 전 78편을 체크해보았더니 여덟 가지 주제로 분류할 수 있었다. 딱히 시의 내용이 어떤 카테고리에 넣어야 할까 하고 고민한 작품도 있기는 했지만.

**시 쓰기의 고뇌** :「봄의 문장을 완성할 수 있을까」「울컥, 이라는 부사」「입 입 입」「지워지지 않는 섬」「틈」「홍시」

**이웃에 대한 관찰** : 「구멍난 그늘」「굽은 노래」「날고 싶은 새」「몽중 몽몽」「문상」「믿고 싶은 잠」「어름사니」「에어라이트」「퀼트」「화훼별곡」

**세상을 풍자하는 시** : 「꿈꾸는 숫자」「도깨비 시장」「바겐세일」「폐타이어」

**불교적 소재 또는 주제** : 「가시연꽃」「구절초」「다비」「돌탑」「드라이플라워」「매화향기 속으로」「소나기」「연곡사 가을비」「연소답청」「쪽빛 경전」

**아버지에 대한 추억** : 「그리울 땐 연필을 깎는다」「대숲에서」「동백」「발효되는 밤」

**어머니를 향한 그리움** : 「겨울 이야기」「대보름」「마지막 집」「매화병제도」「맨드라미」「모래시계」「새알팥죽」「스위치백」「안개는 새를 품지 않는다」「어머니의 빈 집」「탕국」「혀끝 아리는 향기」

**삶에 관한 성찰** : 「간고등어」「거미」「고도를 기다리며」「눈꽃」「담쟁이」「드므」「마름하는 시간」「삼겹살」「소머리 국밥」「하마 사막으로 가다」

**자연의 아름다움** : 「겨울 크로키」「멍」「못갖춘마디」「몽돌 해변을 걸으면서」「물의 정원」「바람 짓」「별이 빛나던 밤」「봄의 왈츠」「여」「하이에나」

**3**

    정숙인 시인의 시를 주제와 소재별로 분류한 결과 가장 자주 눈에 띈 것은 불교적 분위기의 작품들이다. 아버지 어머니 등 가족과 이웃의 삶을 이야기할 때도, 자신의 생활을 되돌아볼 때도, 세상을 바라보거나 시 창작의 고뇌를 이야기할 때도 불교적 관점에서 다가가고 응시한다. 이는 불교의 세계로 깊이 들어간다기보다는, 불자들이 체득하고 있는 용어를 사용한다든지 해서 자연스레 불심佛心을 표현한 것이다. 불심이란 부처님의 마음을 말하는데, 중생이 본래부터 온전히 갖추고 있는 진실된 '참마음'이며, 큰 깨달음을 가리킨다. 어떤 일이나 사물, 세상의 이치理致에도-무소유, 무욕-집착하지 않는 마음일 터이다.

.

불의 울음이 만장을 메고 간다
목탁소리가 키 낮은 동백을 깨운다
하늘은 웃고 있는 공호이다


닳은 잿빛 양말 덧대지 못한 채
시린 발 그대로다
느리게 구르는 범종 소릴 따라 한 생애가
불씨만 남은 관솔불처럼 잦아든다
구슬 같은 어록 향낭에 담을 수 있을까
수많은 합장이 바람에 섞여
순한 걸음으로 산자락 넘는다
삼베옷 적시며 삼도내 건널 동안

탁
탁
이승의 손과 저승의 손 한데 모으고
중첩의 시간을 본다
상좌스님 속울음 눈가에 흐른다

두 손에 잡히지 않는 니르바나의 종소리
사미니계라도 받으면 이루어질려나
여기 이대로 아버지의 혼이라도
연착을 기다린다
잡힐 듯 뿌연 동공에
낙화 한 점 붉다
─「다비」 전문


멍석만한 집을 지었다

어미의 생살 가르고 일어난 벙근 꽃
보랏빛 향기로 연못을 채운다

가시를 벗고 꽃불 밝히는
염화미소다
─「가시연꽃」 전문


시 「다비」에 등장하는 '만장' '목탁' '공후' '범종' '합장' '삼도내' '중첩' '사미니계' '니르바나' 같은 용어들, 특히 세상 모든 번뇌에서 자유로운 상태를 가리키는 '니르바나'나 사람이 죽어 저승으로 갈 때 이승과 저승의 경계에서 흐르는 강을 건너게 되는데, 그 강의 이름 '삼도내'는 일반인들은 사용하지 않는 불교용어다. 따라서 정숙인 시인이 얼마나 진심으로 불교에 심취해 있는지 보여주는 예이기도 하다.

또한 단 5행의 짧은 시 「가시연꽃」 첫 행 '멍석만한 집'은 집착하지 않는 무소유적 불심을 비유하는 표현이기도 하고, 마지막 행 '염화미소'는 석가모니가 연꽃을 들고 가섭 존자가 미소를 지었다는 내용으로, 불교의 이심전심, 즉 말없이 눈빛 교환만으로도 서로의 마음을 이해하는 것을 표현하는 절묘한 반전을 보여주는 마무리다.

이런 무소유적, 이심전심의 마음은 세상을 함께 살고 있는 이웃에 대해서도 세심하게 관찰하고 심정적 연민의 마음으로 그분들이 하는 '하찮은 듯한' 일과 '아주 작은' 역할을 지지하고 있다. 나는 이런 작품을 통해 정숙인 시인의 인정 어린 관찰력에 주목한다.

그리 많지는 않지만 이웃에 대한 따뜻한 시각이 잘 드러난 작품이 몇 편 더 있다. 예를 들면 고층 빌딩 유리창 청소원(「어름사니」), 폐지 줍는 노인(「굽은 노래」), 시장 골목 리어카 채소 장수(「구멍난 그늘」) 등이다. 이 작품들이 눈길을 사로잡는 것은 궁핍하고 가난한 사람들에 대한 눈길이 단순한 연민과 관심에 그치지 않는다는 점이다. '마천루의 유리벽'을 닦는 사람을 하찮은 청소원으로 인식하지 않고 '어름사니'라는, 존경어에 가까운 호칭으로 부르며 '신의 경지에 도달할 만큼 신비한 재주를 부릴 줄 아는 사람'이라는 뜻을 지닌 순 우리말 '어름사니'로 명명하면서 "얼음 위를 걷듯이 아슬아슬하고 어려운 재주를 부린다"는 기예의 달인처럼 부르고 있는 것만 봐도 그렇다.

또한 「굽은 노래」에서는 버려진 폐지와 박스를 수집하는 노인이 '물 건너온 박스는 잘 접히지도 안햐아/ 자신의 손으로 거두고/ 자신의 굽은 허리로 밀며 걷는 하루'를 보낸다고 하면서, 생계 때문에 마지못해 일하는 비루한 모습이 아니라 그 힘듦 속에서도 농담을 던질 줄 아는 유머러스한 인물로 묘사하고 있다. 그리고 '물풍선처럼 깊다'는 마지막 한 행도 반전의 묘미를 살려주고 있다.

(상략)
종로 2가 역에서 내린 그의 일터는
마천루의 유리벽
둘둘 말린 밧줄 타래와 믹스커피 한 잔
반나절 이겨내야 하는 힘
목숨 줄인 밧줄 가닥이 팽팽한 하루를 엮는다
태어날 때 타고 온 탯줄이
평생 외줄일 줄이야
느슨한 삶을 다잡는 손
허공의 풍경을 빠르게 훑는다
결코 허물로만 남지 않을 터
―「어름사니」 부분

수레를 끌고 가는 노인

흔들리는 어깨가 만든 리듬감으로
박스를 접어 리어카에 싣는 굽어진 허리
"물 건너온 박스는 잘 접히지도 안햐아"
자신의 손으로 거두고
자신의 굽은 허리로 밀며 걷는 하루다
……
겹겹 쌓인 파지 위로 얹어지는 무게만큼
수레 위에 놓인 재산은
잘 뜯어지지 않는 바나나 박스처럼
질긴 삶의 노래,
돈 버는 게 전쟁이라며 구부렸다 폈다
골판지 더미에서 빈 병 쪽으로 옮기는 등줄기
갓 부화한 지느러미처럼 수압을 견디는 숨소리

물풍선처럼 깊다
-「굽은 노래」부분


농협 앞 기운 파라솔 아래
반 평 그늘이 그의 일터다
……
헛물 켠 더덕이
땡볕을 피해 까무룩 졸고 있다
콩깍지와 더덕 껍질 수북히 쌓여도
그의 허리는 좀처럼 펴지질 않는다
햇발보다 따가운 건 바람의 눈총들
주름진 하루가

구름의 각질을 벗길 때마다
허리가 바닥과 가까워진다
무료 한 묶음 값은 만원이다
무릎으로 녹아내린다
―「구멍난 그늘」부분

4

시 잡지를 만들면서 적지 않은 시인들을 만날 때마다 우리나라 시인들에게서 가장 부족한 건 유머감각이라고 늘 생각해왔다. 20세기 미국을 대표하는 유머시인으로 평가되는 e.e 커밍스 시인은 말한다. "인생에서 가장 의미 없이 보낸 날은 웃지 않고 보낸 날이다." 나는 이 말을 이렇게 받는다. "인생에서 가장 의미없이 보낸 날은 유머가 없는 시를 읽은 날이다."

얼마 전에 작고한 오탁번 시인이나 조선 시대 방랑시인으로 명성을 날렸던 김삿갓 김병연 시인의 시인적 매력도 유머감각이다. 김삿갓 시인은 "서당書堂은 내조지來早知요, 방중房中엔 개존물皆尊物이라, 생도生徒는 제미십諸未十인데, 선생先生은 내불알來不謁이라"는 시를 남겼다. 하룻밤 유숙을 청하기 위해 서당에 들러 선생을 만나자고 했더니, 선생은 얼굴도 보이지 않고 학생들로부터 불친절한 대접을 받자 이를 조롱하고 빗댄 시다. 나중에 이를 알게 된 선생이 분기탱천했다는 유명한 일화도 전해지고 있다. 시「해피버스데이」「폭설」「잠지」같은 유머 시로 한 시대를 풍미했던 오탁번 시인의 뛰어난 유머감각도

새삼 그리워진다.

    시인들의 시를 읽으면서 늘 느낀다. 우리나라 시인들은(다 그런 건 아니겠지만) 지나치게 진지하고 무겁고 답답하다. 마치 도덕이나 윤리선생님, 교장선생님의 훈화를 듣는 느낌이다. 특히 세상을 풍자하거나 비판하는 시, 혹은 성찰의 메시지를 담았다는 시는 더욱 그렇다. "적(세상)을 공격(비판)하되 웃음(유머)으로 공격하라"는 격언도 있지 않은가. 그래서 비판과 풍자에는 해학(유머)이 한 쌍의 커플이 되어야 하는 법이다. 유머는 공감의 폭을 넓히는 즐거운 화법의 한 방법이다. 앞에서 제목을 언급한 오탁번 시인의 시「잠지」를 보자.

"할머니 산소 가는 길에
밤나무 아래서 아빠와 쉬를 했다
아빠가 누는 오줌은 멀리 나가는데
내 오줌은 멀리 안 나간다
내 잠지가 아빠 잠지보다 더 커져서
내 오줌이 멀리멀리 나갔으면 좋겠다
옆집에 불나면 삐용-삐용 불도 꺼주고
황사 뒤덮인 아빠 차 세차도 해주고
내 이야기를 들은 엄마가 호호호 웃는다

네 색시한테 매일 따스운 밤 얻어먹겠네
-오탁번〈잠지〉

    정숙인의 시집에 수록된 시 가운데 (오탁번 시인과는

사뭇 다른 스타일이긴 하지만) 세상을 풍자하되 유머가 느껴지는 시를 발견하였다. 반갑다. 당첨 확률 8백만 분의 1이라는 로또 소재의 「꿈꾸는 숫자」이다. 로또를 가리켜 '사이비 교주'라거나 '모스 부호'라고 지칭하고, 당첨을 위해서라면 존경하는 하늘처럼 떠받드는 예수님이나 부처님은 물론 군대 생활할 때의 군번까지 소환한다는 구절에서는 저절로 미소가 나왔다. 또다른 시 「바겐세일」은 '산다는 건/ 임대료 독촉 전화/ 대출 이자 상환 문자폭탄'이라는 극한 상황을 그리고 있음에도 절망보다는 '소나기 한바탕 지나면/ 물기 오른 푸새가 파르르 일어설 것'이라는, 절망은 순간인데 비해 희망은 다시 '파르르' 일어선다는 농담식 유머로 멋지게 마무리한 점이 매력적이다.

 사이비 교주다
 물고기가 슬은 모스 부호다
 속이는 희망과 속아주는 희망

 당신과 내가 만날 인연이나
 강남아파트 당첨보다 쉬운
 1/8,000,000의
 유혹

 반쯤 열린 해몽으로
 자동을 선택하기도 하고

 예수님 부처님을 소환하고

기억에도 없는 군번 숫자까지 소환시켜
마지막 장작을 지핀다

"1등 되세요"
주인할머니의 빈말이라도
믿고 싶은 날

칸칸이 꿈꾸며 지워내 보지만
펼치고 싶은 손에 구겨지는
낙첨

겨울비가 깡소주처럼 내린다
-꿈꾸는 숫자 전문

 정숙인 시인이 가장 많이 다룬 소재는 '가족'이다. 가족 중에서도 어머니를 그린 시가 가장 많았다. 아버지에 관한 시는 작품 편수는 적은 대신 비중과 진정성이라는 측면에서 완성도는 어머니 시에 못지않다. 그리고 딸에 관한 시도 한 편(「매향제병도」), 할머니를 소재로 한 시도 한 편 있다. 작품의 숫자만으로 누구를 얼마나 더, 사무치게 그리워하고, 마음속에 더 간절히 담아두고 있다고는 말할 수 없다.
 먼저 아버지를 그린 시 중에서 「동백」을, 어머니를 추억하는 시 중에선 「새알팥죽」을 전문 인용한다. 「동백」은 정숙인 시인의 '월간시인' 신인상 당선작 세 편 가운데 한 편이다.

그 섬이 눈을 뜰 때마다
눈자위는 그늘이 깊었다

취한 아버지는 어머니를 붙잡고
"동백 아가씨"를 불렀다
음정 박자 무시하고 가슴으로 울먹이던 노래
관객이라야 어머니와 나 뿐이었지만

애타게 찾던 동백은
세 살 때 돌아가신 엄마를 그리는 한 서린 통곡인 것을
왜 그 노래를 맨날 부르시냐고 쏘가지 부리던 나는
늦게 알았다
한 서린 한 소절 한 소절이
명치끝 붉은 멍이다

자진한 한 송이
너무 일찍 떨어져
붉은 울음이 가지마다 매달려 있다
-동백 전문
순백의 눈 위에
붉음 한 방울 떨어트려
선명한 자욱이 위안이듯

압력솥에 붉음 팔팔 끓여 걸러낸다
걸쭉한 한 그릇 몸속으로 넣는다고

세상살이 웃음꽃만 피겠냐만
붉은 정기는 온몸으로 번지며 웅크리고 있던
속 때 밖으로 밀어낸다
어머니 두 손으로 비벼 만든 새알심 팥죽
장독 위에 올려두고 집안 구석구석
악귀를 쫓겠다던 믿음
아직 식지 않아서
-「새알팥죽」 전문

"한 서린 한 소절 한 소절이/ 명치끝 붉은 멍이다"라고 동백의 붉은 꽃잎과 아버지를 대비한 비유가 절묘한 「동백」은 이 시집에 수록한 79편 시 중에서 단연 수작이라고 평가할 만하다. 뿐만 아니라 이미자의 "동백 아가씨"를 평생 불러대던 아버지가 그 가사 '헤일 수 없이 수많은 밤을/ 내 가슴 도려내는 아픔에 겨워/ 얼마나 울었던가 동백 아가씨/ 그리움에 지쳐서 울다가 지쳐서/ 꽃잎은 빨갛게 멍이 들었어'라고 반복했는가를 많은 세월이 흐른 뒤에도 잊지 못한다는 내용이다. 아버지의 확실한 캐릭터와 해마다 봄이 오면 피어나는 붉은 동백이 오버랩 되면서 시「동백」은 이미자의 노래 이상의 감동을 주고 있다.

어머니를 그린 10여 편의 시 중에서「새알팥죽」을 살펴보자. '압력솥에 붉음 팔팔 끓여 걸러낸다/ 걸쭉한 한 그릇 몸속으로 넣는다고' 마치 팥죽을 끓이는 레시피처럼 시작한 다음 '어머니 두 손으로 비벼 만든 새알심 팥죽/ 장독 위에 올려두고 집안 구석구석/ 악귀를 쫓겠다던 믿음/ 아직 식지 않아서'라며 '않았다' 대신 '않아서'라고, 현재진행형으로 결구結句한 시인의 의도가 읽혀진다. '새알팥죽'은 과거의 어머니가 끓였던 팥죽이 아니라 지금 딸인 정숙인 시인이 끓이는 팥죽인 셈이다. 지금도 "어머니는 딸이 팥죽 끓이는 생애의 현장에 있는 셈"이라고 딸은 믿고 싶은 것이다. 왜냐하면 어머니가 끓인 팥죽은 '아직 식지 않아서'다.

5

"시를 쓰지 않으면 살아 있는 이유를 찾지 못할 때 시를 쓰라는 릴케의 준엄한 말을 떠올린다. 왜 시를 쓰는가? 시를 통해 내가 찾는 것은 무엇인가? 시인들에게 왜 시를 쓰느냐 물으면 나는 내가 아니기 위해 시를 쓴다는 시인이 있고, 세상의 질서에서 벗어나기 위해 시를 쓴다는 시인이 있고, 나의 작은 우주에 큰 우주를 들여놓기 위해 시를 쓴다는 시인이 있고, 그냥 시가 좋아서 쓴다는 시인도 있다.

시가 나의 절망을 희망으로 바꾸는 노력의 한 방법이라면 그 노력도 절망에 너무 찌들려 있거나 지나친 희망에 대한 기대만으로도 시가 되지 않는다. 절망과 희망의 그 경계선에 시가 꽃피는 것이다. 그러므로 시는 자기를 구원하는 작업이다. 하지만 구원에는 고통이 따른다. 누구도 고통을 대신해 줄 수 없다. 고통은 위대하며 시인에게 고통은 축복이 될 수도 있는 것이다. 왜냐하면

시인은 시라는 위독한 병을 철저히 앓는 자이며, 고통은 희망과 암수 한 몸이기 때문이다."

내가 우리나라 시인 중에 가장 존경하는 천양희 시인의 「시를 왜 쓰는가」에 대한 글이다. 글은 이어진다. "시는 깊이 못지않게 넓이가 있어야 한다. 자기 자신에 대한 학대와 세계 안 존재로서의 자아 이 두 가지가 끊임없이 교차해야 하고, 교차하면서 끊임없이 자기 갱신을 해야 한다고 생각한다. 그러므로 시를 쓸 때는 무엇을 쓸 것인가 보다 '무엇을' '어떻게' 쓸 것인가를 생각해야 한다. 세계에 대한 새로운 인식과 재발견, 체험과 상상력을 전제로 해서 어떻게 쓸 것인가가 중요하기 때문이다."

천양희 시인이 시인들에게 주는 이 글을 첫 시집을 내는 정숙인 시인에게 소개하는 이유가 있다. 등단을 했다고 해도, 또 첫 시집을 냈다고 해서 왜, 어떻게 시를 써야 하는가에 대한 설계가 다 되어 있다고 보지 않기 때문이다. 등단을 했어도, 첫 시집을 내도 이제부터 시작이다. 시인으로서는 첫 시집이 발단發端이며 동기動機이지 최종 결론은 아니다.

표제시로 정한 「봄의 문장을 완성할 수 있을까」를 살펴보자.

태점 하나 찍는다

욕심 비워낸 자리
꽃샘바람으로 분갈이하는 동안
가지마다 실눈을 뜬다

가슴에 탑을 쌓고 걸어온 계절
콧바람 푼 나무가
맨발로 자박거리며 꽃 피운다

상처 난 꽃자리
어떤 곁가지를 붙여야
봄의 문장을 완성할 수 있을까

오늘 나의 고백은
맨땅을 찢는 죽순의 떨림 같은 것
색의 유혹은 눈이 멀어야 멈춘다
탈고의 끝 어디쯤인지 몰라도
천천히 발자국 딛으며
생생한 언어의 꽃밭 다진다

꽃등 매단
저 나무 같은

　맨 첫 행에 등장하는 태점苔點은 산수화에서 바위나 흙, 나무에 자란 이끼나 작은 식물을 표현하기 위해 점을 찍는 기법을 말한다. 태점은 단순히 식물 표현을 넘어 그림에 생동감과 리듬감을 주는 역할을 한다. '태점 하나' 찍기까지 예술가는 예술작품 완성을 위해 혼신을 다한다. 마침내 '태점'을 찍으면 그림 속 바위나 나무는 생명력을 얻는다. '욕심'을 비우고 '분갈이'를 하고 '탑을 쌓고 걸어온 계절'에 '상처 난 꽃자리'에는 '곁가지'를 붙이면서 과연 '봄의 문장을 완성할 수 있을까' 하며 시인은 창작의 과정과 진통을 수묵화 한 장 완성하듯이 표현하게 되는데, '색의 유혹은 눈이 멀어야 멈춘다'면서 '탈고의 끝 어디쯤인지' 고뇌하고 흐트러진 마음을 추슬린 다음에야 '꽃등 매단 저 나무 같은' 결실의 기쁨을 맛보게 된다고 하였다.

「틈」은 한 편의 시를 쓰기 시작해서 완성하기까지 과정을 햇발, 포충망, 항아리, 해와 달, 찔레꽃, 비누 향기, 소라껍데기, 바다, 망토 등 사물과 이미지를 동원하여 보여준다. 그 치밀함, 표현의 새로움이 경탄스러울 정도다.

이 작품에서 구름, 씨간장, 찔레꽃, 거미, 폭죽과 소라 껍데기, 바람은 시를 이끌며 상상의 날개를 펼 수 있도록 이끄는 주연들이다.

햇발의 포충망에 엉킨 구름이, 목화솜 펴는 항아리 속 씨간장이, 해와 달과 내통하는 찔레꽃이, 흑백사진 방심을 흩트려놓는, 새물내 입히는 비누 향기 시나브로 사라지는, 처마 밑 시래기 낭창낭창 저녁을 타는, 허공을 짚던 거미가, 왜바람에 흠칫, 건들건들 건들마에 입술망초 입 떼는, 폭죽과 소라 껍데기가 바다를 부정하는, 망토를 두른 바람이, 기척도 없이 다녀가는

### 에필로그

첫 만남, 첫사랑, 첫아이, 첫 입학, 첫 직장… 첫 시집은 시집을 내는 시인은 준비하면서 가슴이 설레었을 것

이다. 시집을 읽는 독자 역시 첫 시집이라면 연인과 첫 만남을 하듯이 가슴이 뛸 것이다.

　이근배 시인이 서울시인협회 행사 때마다 하는 말씀처럼 "한글의 나라 시의 천국"인 우리나라에서는 이 땅에는 손을 꼽을 수 없을 정도의 많은 시집들이 나오고 있다, 하지만 그 많은 시집들 가운데 단 한 권, 정숙인 시인이 이 시집에서 나아가려고 하는 '시의 개척지'를 탐색한다는 것은 참으로 행복한 체험일 것이다. 그래서 첫 시집은 참 매력적인 책이다. 어떤 페이지를 펼쳐보아도, 시에 대한 열정, 새로운 언어의 향기, 시에 담긴 뜨거운 열정은 불꽃처럼 타오를 것이다.

　그런 점에서 정숙인 시인의 첫시집 『봄의 문장을 완성할 수 있을까』는 더욱 특별하다. "봄에는 시를 쓰고, 여름에는 소설을 쓰고, 가을에는 시를 읽고, 겨울에는 수필을 쓴다"는 문학적 사계절이 있다면, 등단 후 첫시집을 눈부시게 빛나는 봄의 절정 오월에 간행한다는 점에서 그렇다. 조정권 시인은 시집 『산정묘지』의 시인의 말에 이렇게 적고 있다. "첫시집은 영원한 그리움이다 왜냐하면 나의 라이벌은 나 자신이었으니까."

　마지막으로, 2024년 9월호 '월간시인'에 정숙인 시인이 쓴 당선소감을 소개하는 것으로 에필로그를 대신한다. 정숙인 시인의 대성을 기원하면서.

　시를 담는 꽃나무를 키운다면 얼마나 좋을까 생각했습

니다. 바람 불면 날리는 아직 열매 맺지 못한 나무, 그렇게 몇 해가 지났습니다. 아직도 흉내만 내고 있을 뿐인데 기뻐해도 되는지 부끄럽습니다. 늦은 출발이 걸림돌이 될까 조바심도 납니다. 다만 무채색 단어에 색을 입혀보려 합니다. 촌스럽더라도 나만의 색깔을 찾아 가겠습니다. 부끄럽지 않게 더 단단히 쥐고 가겠습니다. 서두르지 않겠습니다. 마음 따뜻해지는 시를 쓰겠습니다.